F 2535.

[EX]PLICATION SOMMAIRE

DE LA LOI DU 25 MARS 1896

SUR LES

DROITS DES ENFANTS NATURELS

DANS LA

SUCCESSION DE LEURS PÈRE ET MÈRE

PAR

M. F. BŒUF

RÉPÉTITEUR DE DROIT

Prix : 1 fr.

PARIS

LIBRAIRIE DE LA SOCIÉTÉ DU RECUEIL GÉNÉRAL DES LOIS ET DES ARRÊTS
ET DU JOURNAL DU PALAIS
Ancienne Maison L. LAROSE & FORCEL
22, rue Soufflot, 22

L. LAROSE, Directeur de la Librairie

1896

EXPLICATION SOMMAIRE

DE LA LOI DU 25 MARS 1896

SUR LES

DROITS DES ENFANTS NATURELS

DANS LA

SUCCESSION DE LEURS PÈRE ET MÈRE

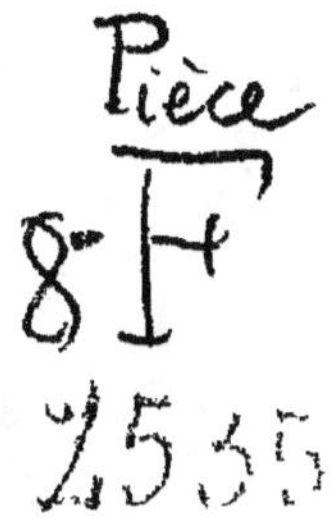
Pièce
8° F
2535

IMPRIMERIE
CONTANT-LAGUERRE

BAR LE DUC

EXPLICATION SOMMAIRE

DE LA LOI DU 25 MARS 1896

SUR LES

DROITS DES ENFANTS NATURELS

DANS LA

SUCCESSION DE LEURS PÈRE ET MÈRE

PAR

M. F. BŒUF

RÉPÉTITEUR DE DROIT

PARIS

LIBRAIRIE DE LA SOCIÉTÉ DU RECUEIL GÉNÉRAL DES LOIS ET DES ARRÊTS

ET DU JOURNAL DU PALAIS

Ancienne Maison L. LAROSE & FORCEL

22, rue Soufflot, 22

L. LAROSE, Directeur de la Librairie

1896

LOI

Relative aux droits des enfants naturels dans la succession de leurs père et mère.

Le Sénat et la Chambre des députés ont adopté,
Le Président de la République promulgue la loi dont la teneur suit :

Art. 1er. — Il est créé au chapitre 3 du titre 1er du livre III du Code civil une section VI avec le titre : « Des successions déférées aux enfants naturels légalement reconnus et des droits de leurs père et mère dans leur succession. »

Cette section VI contiendra les articles suivants :

« *Art. 756*. — La loi n'accorde de droits aux enfants naturels sur les biens de leurs père ou mère décédés que lorsqu'ils ont été légalement reconnus. Les enfants naturels légalement reconnus sont appelés en qualité *d'héritiers* à la succession de leur père ou de leur mère décédés.

« *Art. 757*. — La loi n'accorde aucun droit aux enfants naturels sur les biens des parents de leur père ou de leur mère.

« *Art. 758*. — Le droit héréditaire de l'enfant naturel dans la succession de ses père ou mère est fixé ainsi qu'il suit :

« Si le père ou la mère a laissé des descendants légitimes, ce droit est de la *moitié* de la portion héréditaire qu'il aurait eue s'il eût été légitime.

« *Art. 759*. — Le droit est des *trois quarts*, lorsque les père ou mère ne laissent pas de descendants, mais bien des *ascendants ou des frères ou sœurs* ou des *descendants légitimes de frères ou sœurs*.

« *Art. 760*. — L'enfant naturel a droit à la *totalité* des biens lorsque ses père ou mère ne laissent ni descendants, ni ascendants, ni frères ou sœurs, ni descendants légitimes de frères ou sœurs.

« *Art. 761*. — En cas de prédécès des enfants naturels, leurs enfants et descendants peuvent réclamer les droits fixés par les articles précédents.

« *Art. 762*. — Les dispositions des articles 756, 758, 759 et 760 ne sont pas applicables aux enfants adultérins ou incestueux.

« La loi ne leur accorde que des aliments.

« *Art. 763*. — Ces aliments sont réglés eu égard aux facultés du père et de la mère, au nombre et à la qualité des héritiers légitimes.

« *Art. 764*. — Lorsque le père ou la mère de l'enfant adultérin ou incestueux lui auront fait apprendre un art mécanique, ou lorsque 'un d'eux lui aura assuré des aliments de son vivant, l'enfant ne pourra élever aucune réclamation contre leur succession.

« *Art. 765.* — La succession de l'enfant naturel décédé sans postérité est dévolue au père ou à la mère qui l'a reconnu, ou, par moitié, à tous les deux, s'il a été reconnu par les deux. »

Les articles *756 à 765* du Code civil sont abrogés.

Art. 2. — La section Ⅰre du chapitre 4 du titre Ⅰer du livre III est intitulée : « Des droits des frères et sœurs sur les biens des enfants naturels. »

Elle contiendra uniquement l'article 766 du Code civil :

« *Art. 766.* — En cas de prédécès des père et mère de l'enfant naturel décédé sans postérité, les biens qu'il en avait reçus passent aux frères et sœurs légitimes, s'ils se retrouvent en nature dans la succession; les actions en reprises, s'il en existe, ou le prix des biens aliénés, s'il est encore dû, retournent également aux frères et sœurs légitimes. Tous les autres biens passent aux frères et sœurs naturels ou à leurs descendants. »

Art. 3. — L'article 908 du Code civil est modifié ainsi qu'il suit :

« *Art. 908.* — Les enfants naturels légalement reconnus ne pourront rien recevoir par *donation entre-vifs* au delà de ce qui leur est accordé au titre des successions. Cette incapacité ne pourra être invoquée que par les *descendants du donateur*, par ses *ascendants*, par ses *frères* et sœurs et les *descendants* légitimes de ses frères et sœurs.

« Le père ou la mère qui les ont reconnus pourront leur *léguer tout* ou *partie* de la quotité disponible, sans toutefois qu'en aucun cas, lorsqu'ils se trouvent en concours avec des descendants légitimes, un enfant naturel puisse *recevoir plus qu'une part d'enfant légitime* le moins prenant.

« Les enfants, adultérins ou incestueux, ne pourront rien recevoir par donation entre-vifs ou par testament au delà de ce qui leur est accordé par les articles 762, 763 et 764. »

Art. 4. — Il est ajouté à l'article 913 du Code civil un paragraphe 2 ainsi conçu :

« L'enfant naturel légalement reconnu a droit à une *réserve*. Cette réserve est une quotité de celle qu'il aurait eue s'il eût été légitime, calculée en observant la proportion qui existe entre la portion attribuée à l'enfant naturel au cas de succession *ab intestat* et celle qu'il aurait eue dans le même cas s'il eût été légitime. »

Il est ajouté au même article 913 un troisième paragraphe reproduisant l'article 914 du Code civil, modifié ainsi qu'il suit :

« Sont compris dans le présent article, sous le nom d'enfants, les descendants en quelque degré que ce soit. Néanmoins, ils ne sont comptés que pour l'enfant qu'ils représentent dans la succession du disposant. »

L'article 915 du Code civil prendra le numéro 914.

Art. 5. — L'article 915 (nouveau) sera libellé ainsi qu'il suit :

« *Art. 915.* — Lorsque, à défaut d'enfants légitimes, le défunt laisse à la fois un ou plusieurs enfants naturels et des *ascendants* dans les deux lignes ou dans une seule, les libéralités par actes entre-vifs et par testament né pourront excéder la moitié des biens du disposant s'il n'y a qu'un enfant naturel, le tiers s'il y en a deux, le quart s'il y en a trois ou un plus grand nombre. Les biens ainsi réservés seront recueillis par les *ascendants* jusqu'à concurrence *d'un huitième* de la succession, et le surplus par les enfants naturels.

Art. 6. — Les articles 723 et 724 du Code civil sont modifiés ainsi qu'il suit :

« *Art. 723*. — La loi règle l'ordre de succéder entre les héritiers légitimes et les héritiers naturels. A leur défaut, les biens passent à l'époux survivant et, s'il n'y en a pas, à l'État.

« *Art. 724*. — Les héritiers légitimes et les héritiers naturels sont *saisis de plein droit* des biens, droits et actions du défunt, sous l'obligation d'acquitter toutes les charges de la succession. L'époux survivant et l'Etat doivent se faire envoyer en possession. »

Art. 7. — L'article 773 du Code civil est abrogé.

Art. 8. — L'article 53 de la loi des 28 avril-4 mai 1816 est modifié ainsi qu'il suit :

« L'enfant naturel légalement reconnu, appelé à la succession *ab intestat* ou testamentaire de son auteur, sera considéré, quant à la *quotité* du droit, comme enfant légitime. »

Disposition transitoire.

Art. 9. — Toute réclamation sera interdite à l'enfant naturel lorsqu'il aura reçu, du vivant de ses père et mère, *avant* la date de la promulgation de la présente loi, la moitié de ce qui lui est attribué par les articles 758, 759, 760 et 761 précédents, avec déclaration expresse de leurs père ou mère que leur intention est de réduire l'enfant naturel à la portion qu'ils lui ont assignée. Dans le cas où cette portion serait inférieure à la moitié de ce qui devrait revenir à l'enfant naturel, il ne pourra réclamer que le supplément nécessaire pour parfaire cette moitié.

En ce qui concerne le calcul de la *réserve* des enfants naturels, la présente loi sera applicable à toutes les libéralités faites *antérieurement* à sa promulgation.

Art. 10. — La présente loi est applicable à toutes les colonies où le Code civil a été promulgué.

La présente loi, délibérée et adoptée par le Sénat et par la Chambre des députés, sera exécutée comme loi de l'État.

Fait à Paris, le 25 mars 1896.

FÉLIX FAURE.

Par le Président de la République :

Le Garde des sceaux, ministre de la Justice,
L. RICARD.

EXPLICATION SOMMAIRE DE LA LOI DU 25 MARS 1896.

La loi du 25 mars 1896, relative aux droits des enfants naturels dans la succession de leurs père et mère, a eu pour but d'améliorer la situation juridique des enfants naturels légalement reconnus.

Les innovations de cette loi ont principalement pour objet : 1° de conférer aux enfants naturels légalement reconnus la qualité d'*héritiers* et de leur accorder la *saisine* ; 2° d'augmenter la *quotité* de leurs droits héréditaires ; 3° de permettre à leurs père et mère de leur faire par *préciput* des libéralités par *testament* ; 4° de leur reconnaître formellement une réserve et d'en fixer le mode de calcul.

C'est à ces divers points de vue que nous rattacherons les dispositions de la loi dont nous allons donner sommairement l'analyse.

§ I. Qualité d'héritiers et saisine des enfants naturels. — Conformément au Code civil, la nouvelle loi n'accorde de droits aux enfants naturels sur les biens de leurs père ou mère décédés que lorsqu'ils ont été légalement reconnus, et ne leur accorde aucun droit sur les biens des parents de leur père ou de leur mère (nouveaux art. 756 et 757).

Le Code civil n'attribuait pas aux enfants naturels légalement reconnus la qualité d'héritiers (art. 723 et ancien art. 756).

D'après la nouvelle loi, les enfants naturels légalement reconnus sont appelés en qualité d'*héritiers* à la succession de leurs père ou mère décédés (nouvel art. 756). Cette qualité leur donne droit à la *saisine* ; de sorte qu'ils ne sont plus tenus de demander la délivrance de leur part héréditaire aux parents légitimes avec lesquels ils concourent, ni à défaut de ceux-ci, de former une demande d'envoi en possession des biens de la succession devant le tribunal civil.

En conséquence, les articles 723 et 724 du Code civil ont été modifiés et l'article 773 qui soumettait les enfants naturels, à défaut de parents légitimes, à une demande d'envoi en possession, est abrogé.

Cette qualité d'héritiers leur donne le droit d'exiger le rapport de leurs cohéritiers, de même, qu'il peut être exigé d'eux. Aussi la nouvelle loi n'a pas reproduit l'article 760 qui les soumettait à l'imputation, laquelle, du reste, était, en général, régie par les règles du rapport.

§ II. QUOTITÉ DES DROITS HÉRÉDITAIRES DES ENFANTS NATURELS. — Les droits héréditaires des enfants naturels dans la succession de leurs père et mère, lorsqu'ils ont été légalement reconnus par ceux-ci, ont été considérablement augmentés par la nouvelle loi (1).

Code civil. — Sous l'empire des anciens textes du Code civil, le droit de l'enfant naturel reconnu sur les biens de ses père ou mère décédés variait suivant la qualité des parents légitimes avec lesquels il se trouvait en présence.

Si le père ou la mère avait laissé des descendants légitimes, ce droit était du tiers de la portion héréditaire que l'enfant naturel aurait eue, s'il eût été légitime; — il était de la moitié, lorsque les père ou mère ne laissaient pas de descendants, mais bien des ascendants ou des frères ou sœurs; — il était des trois quarts, lorsque les père ou mère ne laissaient ni descendants, ni ascendants, ni frères, ni sœurs.

L'enfant naturel n'avait droit à la totalité des biens que si ses père ou mère ne laissaient pas de parents au degré successible. Il n'excluait ainsi que le conjoint et l'Etat (anciens art. 757 et 758).

Nouvelle loi. — D'après la nouvelle loi du 25 mars 1896, le droit *héréditaire* de l'enfant naturel légalement reconnu est ainsi fixé :

A la *moitié* de la portion héréditaire qu'il aurait eue, s'il eût été légitime, lorsque le père ou la mère a laissé des descendants légitimes (nouvel art. 758);

Aux *trois quarts,* lorsque les père ou mère ne laissent pas de descendants, mais bien des ascendants, ou des frères et sœurs ou des *descendants* légitimes de *frères ou sœurs* (nouvel art. 759);

(1) Une proposition de loi de MM. Demôle et Tolain, au Sénat, déjà présentée en 1890 à la Chambre des députés, avait pour objet d'assimiler les enfants naturels reconnus aux enfants légitimes dans la succession des père et mère. Cette proposition, qui s'inspirait du décret de la Convention nationale du 12 brumaire an II, a été repoussée.

A la *totalité* des biens, lorsque les père ou mère ne laissent ni descendants, ni ascendants, ni frères ou sœurs, ni descendants de ceux-ci (nouvel art. 760).

Ainsi, en concours avec des descendants légitimes, il a désormais la moitié (au lieu du tiers) de la portion héréditaire qu'il aurait eue, s'il eût été légitime.

En concours avec des descendants, des frères ou sœurs ou des *descendants* de ceux-ci, il a les trois quarts (au lieu de la moitié) (1).

En concours avec des collatéraux ordinaires, il a droit à la totalité des biens (au lieu des trois quarts); de telle sorte qu'il exclut désormais, en vertu de la nouvelle loi, les collatéraux ordinaires, aussi bien que le conjoint et l'Etat.

— Quant au mode de calcul des droits héréditaires de l'enfant naturel, la loi de 1896 n'a pas entendu innover et a consacré implicitement les solutions de la jurisprudence antérieure.

Par conséquent, lorsqu'un enfant naturel est en concours avec un enfant légitime, comme il doit avoir la moitié de la portion héréditaire qu'il aurait eue s'il eût été légitime, il aura la moitié de la moitié qui aurait été sa part héréditaire s'il eût été légitime, c'est-à-dire un quart de la succession et l'enfant légitime aura les trois quarts. — S'il est en concours avec 2 enfants légitimes, il aura la moitié du tiers, c'est-à-dire un sixième ou 2/12 et chaque enfant légitime aura la moitié des 5/6, c'est-à-dire 5/12. — S'il est en concours avec 3 enfants légitimes, il aura 1/8 ou 3/24 et chacun des enfants légitimes aura 7/24.

Si l'enfant naturel est en concours avec deux petits-enfants légitimes issus d'un enfant légitime prédécédé, ceux-ci venant par représentation de leur auteur, l'enfant naturel aura la moitié de la moitié, c'est-à-dire un quart, comme

---

(1) Avant la nouvelle loi c'était une question très controversée que celle de savoir si les descendants de frères ou sœurs devaient être traités comme les frères ou sœurs eux-mêmes ou s'ils devaient être assimilés aux collatéraux ordinaires. La nouvelle loi, adoptant l'opinion généralement suivie dans la doctrine, décide, contrairement à la jurisprudence de la Cour de cassation, que ces descendants auront le même droit que les frères et sœurs eux-mêmes, d'autant plus qu'ils sont, au même titre que ces derniers, des collatéraux privilégiés et qu'en général, la loi leur accorde les mêmes droits, même quand ils ne viennent pas par représentation. (Voir notre *Résumé sur le Code civil*, t. II, page 56, note).

s'il avait concouru avec l'enfant légitime lui-même. — S'il est en concours avec deux petits-enfants issus d'un enfant légitime qui renonce ou est écarté comme indigne, il aura la moitié de la succession, car s'il eût été légitime, il aurait exclu les petits-enfants du renonçant ou de l'indigne et aurait eu toute la succession.

Quand le *de cujus* laisse 2 enfants naturels et un enfant légitime, on dira : Si les 2 enfants naturels eussent été légitimes, chacun d'eux aurait eu le tiers de la succession ; puisqu'il doit avoir la moitié de la part qu'il aurait eue, s'il eût été légitime, il aura droit à 1/6 et l'enfant légitime aura les 4/6. — Si les 2 enfants naturels sont en concours avec deux enfants légitimes, on attribuera à chaque enfant naturel 1/8 et à chaque enfant légitime 3/8 (1).

Lorsque l'enfant naturel est en concours avec des ascendants ou des collatéraux privilégiés, comme il doit avoir les trois quarts de ce qu'il aurait eu, s'il eût été légitime, il aura les trois quarts de la succession, car s'il eût été légitime, il aurait exclu les ascendants et les collatéraux privilégiés. Dès lors, peu importe le nombre des enfants naturels ou le nombre des ascendants ou des collatéraux privilégiés. Les enfants naturels auront ensemble les trois quarts de la suc-

(1) Ce mode de calcul qui est suivi par la jurisprudence et la plupart des auteurs n'est pas à l'abri de toute critique, car le rapport ou plutôt l'inégalité existant entre un enfant naturel et un enfant légitime n'est pas fixe et varie avec le nombre des enfants légitimes ou naturels. Ainsi quand il y a un enfant naturel et un enfant légitime, le rapport est de 1 à 3 ; avec 1 naturel et 2 légitimes, il est de 2 à 5 ; avec 1 naturel et 3 légitimes, il est de 3 à 7 ; — avec 2 naturels et 1 égitime, il est de 1 à 4 ; avec 2 naturels et 2 légitimes, il est de 1 à 3 ; avec 3 naturels et 1 légitime, le rapport est de 1 à 5. En outre, quand un enfant naturel est en présence d'un autre enfant naturel et d'un enfant légitime, il n'a pas plus que s'il était en présence de 2 enfants légitimes ; dans l'un et l'autre cas, il n'a droit qu'à un sixième. Ce résultat est peu logique et il est tout en faveur de l'enfant légitime qui seul profite de l'infériorité de ses concurrents.

La Chambre des députés avait proposé de calculer le droit héréditaire de l'enfant naturel en représentant son droit de *concours* par 1/2 et le droit de *concours* de l'enfant légitime par 1 ; de telle sorte que chaque enfant légitime aurait compté pour 2 et chaque enfant naturel pour 1, l'enfant légitime devant avoir, dans tous les cas, une part double et invariable de celle de l'enfant naturel Ce système aussi simple, mais, à notre avis, plus logique et plus équitable que celui de la jurisprudence, n'a pas prévalu.

cession et les ascendants ou les collatéraux privilégiés auront droit au quart de la succession qu'ils recueilleront suivant les règles de dévolution de la succession légitime. Par conséquent, les collatéraux privilégiés exclueront les ascendants ordinaires et concourront avec les père et mère, ascendants privilégiés ; en outre, on tiendra compte, lorsqu'il y aura des ascendants dans les deux lignes, de la division en deux parts, de la fraction de la succession leur revenant, l'une pour la ligne paternelle, l'autre, pour la ligne maternelle (1).

Conformément à la législation du Code civil, en cas de prédécès de l'enfant naturel, ses enfants ou descendants légitimes peuvent réclamer les droits fixés par les articles précédents (nouvel art. 761). Il en serait de même, si l'enfant naturel ayant survécu, il était renonçant ou indigne.

— Après avoir augmenté les droits héréditaires de l'enfant naturel mis désormais au rang d'un héritier investi de la saisine, la loi de 1896 a cru devoir enlever aux père et

(1) Sous l'empire du Code civil, quand le défunt ne laissait des ascendants que dans une ligne et qu'il n'y avait, dans l'autre ligne, que des collatéraux ordinaires, on se demandait si l'enfant naturel avait droit à la moitié de ce qui revenait aux ascendants et aux trois quarts de ce qui revenait aux collatéraux ordinaires. On décidait généralement que par cela seul qu'il se trouvait en présence d'ascendants, il n'avait droit qu'à la moitié de la succession, car la fixation de la quotité qui lui était attribuée était indépendante du règlement de la partie de la succession revenant à la parenté légitime (En ce sens, Demolombe, Aubry et Rau, et cour de Bordeaux, 5 mai 1856).

Depuis la nouvelle loi, on doit décider de même, que si l'enfant naturel était en concours avec un ascendant dans une ligne et un collatéral ordinaire de l'autre ligne, il n'aurait pas le droit de réclamer plus des trois quarts, que la loi nouvelle lui attribue en présence d'ascendants, sous le prétexte qu'excluant désormais les collatéraux ordinaires, il aurait le droit de profiter de la part revenant à ceux-ci ; pas plus qu'il ne pourrait prétendre à plus des trois quarts, s'il ne se trouvait aucun parent au degré successible dans la ligne des collatéraux. La part d'hérédité revenant à la parenté légitime doit être régie par les règles de la succession ordinaire ou légitime ; de telle sorte que si c'était le père ou la mère qui fût en concours avec un collatéral ordinaire de l'autre ligne, on devrait lui attribuer l'usufruit du tiers de la portion revenant au collatéral ordinaire (art. 754). L'ascendant conserve au collatéral ordinaire un droit que celui-ci n'aurait pu exercer de son propre chef, comme il arrive, dans le cas de l'article 1098, que la présence d'enfants d'un premier lit autorise les enfants du second lit à profiter de la réduction des libéralités excessives faites au nouveau conjoint.

mère la faculté que le Code civil leur accordait de l'en dépouiller en partie, à l'aide d'une donation lui permettant de
jouir par anticipation de ses droits. L'article 761, en effet,
interdisait toute réclamation à l'enfant naturel, lorsqu'il
avait *reçu, du vivant* de ses père et mère, la *moitié* de ce qui
lui était attribué par la loi, avec déclaration expresse de la
part de ses père et mère que leur intention était de le réduire à la portion qu'ils lui avaient assignée, sauf à l'enfant,
si cette portion était inférieure à la moitié, à réclamer le
supplément nécessaire à la parfaire.

Cette disposition qui constituait une dérogation à la règle
qui interdit tout pacte sur succession future (art. 791 et
1130), a paru odieuse et inutile au nouveau législateur;
odieuse, en ce qu'elle pourrait être un moyen de spéculation
sur la misère ou les passions de l'enfant, et inutile, parce
qu'elle n'atteignait pas le but proposé, celui d'écarter l'enfant du règlement de la succession, puisqu'il avait toujours
le droit d'y intervenir, en prétendant qu'il n'avait pas reçu
la moitié de sa part héréditaire.

Aussi l'article 761 a-t-il été abrogé pour l'avenir et n'a
été maintenu, à titre transitoire, qu'autant que la faculté de
réduction par lui prévue aurait été exercée avant la promulgation de la nouvelle loi et sauf à calculer la moitié à laquelle l'enfant aura pu être réduit sur la quotité des droits
héréditaires établie par cette dernière loi (art. 8, L. 1896).

§ III. LIBÉRALITÉS TESTAMENTAIRES QUE PEUT RECEVOIR
L'ENFANT NATUREL AU DELA DE SA PART HÉRÉDITAIRE. MO-
DIFICATION A L'ARTICLE 908 DU CODE CIVIL. — Le Code
civil ne permettait pas aux enfants naturels de rien recevoir
de leurs père ou mère, ni par *donation* entre-vifs, ni par *testament, au delà* de ce qui leur était accordé au titre des successions (art. 908, C. civ.).

Cette prohibition constituait une grave atteinte à la liberté
des père et mère et souvent elle était un obstacle à la re-
connaissance des enfants naturels que la loi doit encourager.

La nouvelle loi, après avoir augmenté les droits de l'enfant naturel reconnu, dans la succession de ses père et mère,
permet encore à ceux-ci de lui faire des libéralités excédant
la quotité de ses droits héréditaires, comme il est permis de
le faire en faveur d'un successible ordinaire auquel on peut
donner ou léguer par *préciput* tout ou partie de la quotité
disponible (art. 919).

Toutefois, cette faculté a été restreinte sous un double rapport :

1° Elle n'est autorisée que par *testament*, mais non par donation entre-vifs, à raison du danger que présente celle-ci par suite de son caractère d'irrévocabilité;

2° La libéralité testamentaire ne peut, en aucun cas, lorsque l'enfant naturel est en concours avec des descendants légitimes, excéder une *part* d'enfant légitime le moins *prenant*.

Quant à l'incapacité de recevoir par *donation entre-vifs au delà* de ce qui lui est accordé au titre des successions, elle est maintenue; mais la nouvelle loi voulant mettre fin aux controverses qui s'étaient élevées à cet égard, décide que cette incapacité, ou plutôt cette indisponibilité, ne pourra être invoquée que par les descendants du donateur, par ses ascendants, ses frères et sœurs et les descendants légitimes de ceux-ci, c'est-à-dire seulement par les héritiers légitimes avec lesquels l'enfant naturel peut se trouver en concours dans la succession *ab intestat*.

En conséquence, l'article 908 du Code civil est modifié en ce qui concerne les enfants naturels reconnus; mais cet article reste toujours en vigueur à l'égard des enfants incestueux ou adultérins qui ne peuvent rien recevoir ni par donation entre-vifs, ni par testament, au delà de ce qui leur est accordé par les nouveaux articles 762 à 764 qui ne leur reconnaissent, comme le Code civil, qu'un droit à des aliments.

§ IV. RÉSERVE DES ENFANTS NATURELS RECONNUS. — MODIFICATION AUX ARTICLES 913-915 DU CODE CIVIL. — Avant la nouvelle loi, la jurisprudence reconnaissait, depuis longtemps, que l'enfant naturel avait droit à une réserve dans la succession de ses père et mère; de telle sorte que ceux-ci ne pouvaient le dépouiller complètement de ses droits par des libéralités. On invoquait les articles 757-759 qui conféraient à l'enfant naturel, même en concours avec des enfants légitimes, une partie de ce qu'il aurait eu s'il eût été légitime, et l'article 761 dont nous avons parlé plus haut, qui n'autorisait les père et mère à réduire ses droits qu'à la *moitié* et seulement par une donation à lui faite.

L'article 761 se trouvant abrogé, le législateur, afin d'éviter à *l'avenir* toute controverse, a formellement déclaré que l'enfant naturel légalement reconnu a droit à une réserve (art. 4, L. 1896, modifiant l'article 913 du Code civil). Cette réserve se détermine par comparaison avec celle qu'il aurait eue s'il eût été légitime, en la calculant proportionnellement à ses droits héréditaires dans la succession *ab intestat* (nouvel art. 913, § 2).

Pour déterminer la réserve de l'enfant naturel, il faut le considérer d'abord comme légitime, et après avoir fixé la réserve à laquelle il aurait eu droit dans cette supposition, lui en attribuer la moitié, les trois quarts ou la totalité, suivant qu'il est en présence, soit d'enfants ou descendants légitimes, soit d'ascendants ou collatéraux privilégiés, soit de collatéraux ordinaires ou de parents n'étant pas au degré successible.

Ainsi, quand le père ou la mère de l'enfant naturel a laissé un seul enfant légitime, on dira : si l'enfant naturel eût été légitime, il aurait eu une réserve d'un tiers (art. 913); comme son droit héréditaire *ab intestat* est la moitié de ce qu'il aurait eu s'il eût été légitime, il aura, à titre de réserve, la moitié du tiers, c'est-à-dire un sixième (1).

---

(1) Si le défunt laissait, avec un enfant naturel, des petits-enfants légitimes issus d'un enfant légitime *prédécédé*, ces petits-enfants venant par représentation de leur auteur, le résultat serait le même que si l'enfant légitime était venu lui-même à la succession.

Mais si ces petits-enfants venaient de leur chef, parce que leur auteur serait *renonçant* ou *indigne,* on dira : Si l'enfant naturel eût été légitime, il aurait exclu de la succession *ab intestat* les petits-enfants qui, de leur chef, n'auraient pas été en rang utile pour concourir avec un enfant légitime du premier degré et, par suite, sa réserve eût été de moitié et la quotité disponible de l'autre moitié (art. 913, § 1). Comme il est enfant naturel, il aura droit, à titre de réserve, à la moitié de la moitié, c'est-à-dire au quart. Mais la quotité disponible étant toujours de moitié, parce que les petits-enfants légitimes ont droit, ensemble, à la même réserve que celle de leur auteur (art. 913 nouveau et ancien art. 914), la réserve de l'enfant naturel se prendra exclusivement sur cette réserve de moitié et non sur la quotité disponible, car celle-ci doit être la même que si l'enfant naturel eût été légitime et eût pu réclamer exclusivement pour lui la réserve entière. Un légataire universel, en effet, ne peut pas être plus maltraité que s'il s'était trouvé en concours avec un enfant légitime qui aurait exclu de la succession *ab intestat* les petits-enfants, et aurait eu droit, à titre de réserve, à la moitié de la succession. Si l'enfant naturel, en raison de sa qualité, ne recueille *ab intestat* que la moitié de la succession, l'autre moitié revenant aux petits-enfants, la réserve doit également se partager entre eux, puisqu'ils ont la même part héréditaire *ab intestat*. Dès lors, cette réserve de moitié sera attribuée

Quand le défunt a laissé 2 enfants légitimes et un enfant naturel, on dira : si l'enfant naturel eût été légitime, il aurait eu une réserve d'un quart ; il aura droit, dès lors, à titre de réserve, à la moitié du quart, c'est-à-dire à un huitième.

En supposant l'enfant naturel en présence de 3 enfants légitimes, on dira : s'il eût été légitime, il aurait eu le quart des 3/4 formant la réserve, c'est-à-dire 3/16 ; puisqu'il a la moitié de la portion héréditaire qu'il aurait eue *ab intestat*, s'il eût été légitime, il aura, à titre de réserve, la moitié de la réserve qu'il aurait eue s'il eût été légitime, c'est-à-dire 3/32.

Quand le défunt laisse un enfant naturel et des ascendants ou des collatéraux privilégiés, on dira : si l'enfant naturel eût été légitime, sa réserve eût été de la moitié des biens (art. 913) ; comme il a droit, dans la succession *ab intestat*, aux trois quarts de ce qu'il aurait eu s'il eût été légitime, c'est-à-dire aux trois quarts de la succession, il aura, à titre de réserve, les trois quarts de la réserve qu'il aurait eue s'il eût été légitime, c'est-à-dire les 3/4 de la moitié, ou 3/8.

Quand le défunt laisse un enfant naturel et des collatéraux ordinaires, comme l'enfant naturel a droit, d'après la nouvelle loi de 1896, à la totalité de la succession et qu'il a ainsi des droits héréditaires égaux à ceux d'un enfant légitime, il aura la *même* réserve que ce dernier, c'est-à-dire la moitié des biens. Il en serait de même, *a fortiori*, si le défunt ne laissait pas de parents au degré successible.

Dans le cas où il existe plusieurs enfants naturels, leur réserve se détermine, comme leur part héréditaire, en les considérant tous ensemble et simultanément comme enfants légitimes et en leur attribuant la portion de réserve qui leur serait revenue, dans cette supposition, en la calculant toujours en proportion des droits héréditaires qui leur sont attribués, suivant qu'ils sont en concours soit avec des descendants, soit avec des ascendants ou des collatéraux pri-

tant à l'enfant naturel d'une part qu'aux petits-enfants, d'autre part ; l'enfant naturel aura un quart de la succession à titre de réserve, et l'autre quart sera recueilli par les petits-enfants. Comme le dit M. Demolombe (n° 175, *Traité des donations et testaments*), si l'enfant naturel eût été légitime, il n'aurait nui qu'aux petits-enfants, qui auraient été exclus de la succession ; c'est à eux seuls qu'il doit nuire comme enfant naturel, dans la mesure de sa réserve.

vilégiés, soit avec des collatéraux ordinaires ou des parents au degré non successible.

Ainsi, quand il y a deux enfants naturels et un enfant légitime, on dira : si les deux enfants naturels eussent été légitimes, il y aurait eu trois enfants légitimes; chacun d'eux aurait eu, à titre de réserve, le quart de la succession, l'autre quart représentant la quotité disponible (art. 913). Dès lors, chaque enfant naturel aura, à titre de réserve, la moitié du quart qu'il aurait eu s'il eût été légitime, c'est-à-dire un huitième.

De même, en supposant deux enfants naturels en concours avec des ascendants ou des collatéraux privilégiés, on dira : si les deux enfants naturels eussent été légitimes, la réserve eût été des 2/3, c'est-à-dire d'un tiers pour chaque enfant; dès lors les enfants naturels ayant un droit héréditaire des 3/4 de la succession auront, à titre de réserve, les 3/4 des 2/3 c'est-à-dire 6/12, soit chacun d'eux 3/12 ou un quart.

Enfin, en supposant deux enfants naturels en concours avec des collatéraux ordinaires, on dira : si les deux enfants naturels eussent été légitimes, la réserve eût été également des 2/3, soit 1/3 pour chaque enfant. Dans ce cas, l'enfant naturel, ayant un droit héréditaire égal à celui de l'enfant légitime, sa réserve sera également la même, c'est-à-dire d'un tiers.

— La réserve de l'enfant naturel ainsi fixée, il s'agit de savoir, lorsqu'il est en concours non seulement avec des donataires ou légataires, mais avec d'autres héritiers à réserve, sur quels biens elle doit être prise. Doit-elle être prise exclusivement sur la réserve des autres héritiers réservataires, ou exclusivement sur la quotité disponible, ou proportionnellement à l'une et à l'autre?

Cette question donne lieu à des difficultés et à des controverses. Pour la résoudre, il faut distinguer si l'enfant naturel est en concours avec des descendants ou des ascendants, qui sont les seuls héritiers légitimes ayant droit à une réserve.

Première hypothèse. — L'enfant naturel est en concours avec des *descendants légitimes.* Dans cette hypothèse, quand il n'existe qu'un ou deux enfants légitimes, la réserve de l'enfant naturel se prend proportionnellement sur celle des enfants légitimes et sur la quotité disponible.

En effet, d'après l'article 913, toutes les fois qu'il n'y a pas plus de trois enfants légitimes, la réserve de chaque enfant est égale à la quotité disponible. Par conséquent, quand il y a un enfant naturel et un ou deux enfants légitimes, la réserve de chaque enfant légitime et la quotité disponible doivent également contribuer à la réserve qui revient à l'enfant naturel et subir une diminution proportionnelle.

Ainsi quand le *de cujus* ayant un actif net de 24.000 francs (calculé conformément à l'article 922) laisse un enfant naturel et un enfant légitime, la réserve de l'enfant naturel étant d'un sixième, se prendra également sur la réserve de l'enfant légitime et sur la quotité disponible; de telle sorte que l'enfant naturel aura droit à une réserve de 4.000 francs et l'enfant légitime et le donataire ou légataire auront chacun droit à 10.000 francs.

Si, dans le même cas, le défunt laissait un enfant naturel et deux enfants légitimes, la réserve de l'enfant naturel étant d'un huitième se prendrait également sur la réserve de chaque enfant légitime et sur la quotité disponible; de telle sorte que l'enfant naturel aurait droit à une reserve de 3.000 francs, chaque enfant légitime, à une réserve de 7.000 francs et le donataire ou légataire, à une quotité disponible également de 7.000 francs.

Quand, au contraire, il existe trois enfants légitimes ou un plus grand nombre, la réserve de l'enfant naturel se prélève uniquement sur la réserve des enfants légitimes. En effet, dès qu'il y a trois enfants légitimes ou un plus grand nombre, la quotité disponible est toujours la même ; elle est invariablement fixée au quart et la réserve qui est des trois quarts se partage entre tous les enfants légitimes qui sont héritiers ; un quatrième ou un cinquième enfant, qu'il soit légitime ou naturel, ne peut diminuer la quotité disponible ; par conséquent, la réserve seule doit servir à fournir la quotité de réserve revenant à l'enfant naturel.

Deuxième hypothèse. — L'enfant naturel est en concours avec des *ascendants légitimes*. Dans cette hypothèse, des controverses s'étaient élevées sur la question de savoir sur quels biens devait se prendre la réserve de l'enfant naturel. Quelques auteurs considérant à tort la réserve de l'enfant naturel comme une dette, une charge héréditaire, prélevaient sur la masse la réserve de l'enfant naturel et calculaient ensuite, sur le surplus, la réserve des ascendants et la quotité disponible (1) ; d'après l'opinion la plus accréditée, on décidait que la réserve de l'enfant naturel devait se prendre sur celle des ascendants, quand il en existait dans les deux lignes et que dans le cas où il n'en existait que dans une seule, elle devait se prélever pour moitié sur la réserve des ascendants et pour moitié sur la quotité disponible (en ce sens : Demolombe, Aubry et Rau).

Pour mettre fin aux controverses élevées à cet égard, la nouvelle loi combine la réserve de l'enfant naturel avec celle des ascendants par le procédé suivant :

Elle fixe d'abord la quotité *disponible*, en tenant compte seulement du nombre des enfants naturels reconnus. Cette quotité disponible est de moitié, si le défunt laisse un seul enfant naturel ; du tiers, s'il laisse deux enfants naturels ; du quart, s'il en laisse trois ou un plus grand nombre.

Ensuite, elle attribue sur la *réserve*, c'est-à-dire sur la portion non disponible, un huitième de la succession entière, aux ascendants, qu'il y en ait dans les *deux* lignes ou dans une *seule*, et le surplus constitue la réserve des enfants naturels (nouvel art. 915).

Ainsi, quand le défunt laisse un enfant naturel et un ou plusieurs ascendants, soit dans les deux lignes, soit dans une seule, la quotité disponible est de la moitié des biens et par suite la réserve est de moitié ; sur cette moitié qui forme la réserve, c'est-à-dire les 4/8 de la masse des biens, les ascendants auront droit, à titre de réserve, à 1/8, et l'enfant naturel aura droit, à titre de réserve, à 3/8 ; de telle sorte que si la masse des biens sur laquelle se calcule la réserve était de 8.000 francs, un légataire universel n'aurait droit qu'à 4.000 francs, l'ascendant ou les ascendants recevraient, à titre de réserve 1.000 francs, et l'enfant naturel 3,000 francs.

Si le défunt laisse deux enfants naturels et un ou plusieurs ascendants dans les deux lignes ou dans une seule, la quo-

<hr>

(1) La cour d'Amiens a même été plus loin, en décidant que la réserve de l'enfant naturel devait être prise exclusivement sur le disponible (23 décembre 1854) ; de telle sorte qu'avec des ascendants dans les deux lignes et un enfant naturel, la quotité disponible était moins forte que si le *de cujus* avait laissé deux enfants légitimes ! En effet, dans le premier cas, sous l'empire du Code civil, la quotité disponible n'eût été que d'un quart, tandis que dans le second cas elle eût été d'un tiers.

tité disponible est du tiers de la masse des biens et, par suite, la réserve est des deux tiers. Sur ces deux tiers de réserve qui représentent les 16/24 de la succession, les ascendants prennent, à titre de réserve, 1/8 de la succession, c'est-à-dire 3/24 et les enfants naturels ont droit à eux deux, à ce qui reste des 16/24, c'est-à-dire à 13/24, soit chacun d'eux à 13/48 ; de sorte, que si la masse des biens sur laquelle doit se calculer la réserve était de 48.000 francs, un légataire universel n'aurait droit qu'au tiers, c'est-à-dire à 16.000 francs ; l'ascendant ou les ascendants ayant une réserve de 1/8 recevraient 6.000 francs ; et chacun des 2 enfants naturels 13.000 francs.

Si le défunt laisse trois enfants naturels (ou un plus grand nombre) et un ou plusieurs ascendants dans les deux lignes ou dans une seule, la quotité disponible étant du quart, la réserve sera des trois quarts. Sur cette réserve des 3/4 qui représentent les 6/8 de la succession, l'ascendant ou les ascendants auront à titre de réserve 1/8 et les trois enfants naturels, 5/8 à eux tous, soit chacun 5/24 ; de sorte que si la masse des biens sur laquelle se calcule la réserve était de 24.000 francs, un légataire universel aurait droit au quart, c'est-à-dire à 6.000 francs, l'ascendant ou les ascendants, à 1/8, soit 3.000 francs et chacun des trois enfants à 5.000 francs.

Il faut reconnaître que ce mode de procéder dans le calcul de la réserve, au cas où l'enfant naturel est en concours avec des ascendants, est assez ingénieux et qu'il concilie équitablement les droits des divers intéressés. Cependant il est bizarre qu'un légataire universel, en présence d'enfants naturels et d'un ascendant, ne puisse pas recevoir plus qu'en présence d'enfants légitimes. Il nous semble que la quotité disponible a été sacrifiée au désir de maintenir la réserve des ascendants et de la combiner avec celle des enfants naturels. La conservation et la conciliation de ces deux réserves appartenant à des héritiers d'ordre différent nous paraît avoir été faite aux dépens de la quotité disponible. — En tous cas, la réserve étant un droit héréditaire et une portion de la succession *ab intestat* mise à l'abri des libéralités du défunt, la loi de 1896 décide, avec raison, qu'en ce qui concerne le calcul de la réserve des enfants naturels, la loi sera applicable à toutes les libéralités faites antérieurement à sa promulgation, car les donataires, aussi bien que les légataires, n'avaient pasun droit acquis à la conservation de leurs libéralités au détriment de la réserve qui ne peut s'apprécier qu'au décès (art. 9 *in fine*, disposition transitoire).

Assimilation de l'enfant naturel à l'enfant légitime au point de vue des droits de mutation par décès. — Pour terminer cette explication de la loi de 1896, nous dirons que le législateur a été bien inspiré, en assimilant l'enfant naturel à l'enfant légitime au point de vue des droits de mutation par décès.

D'après l'article 53 de la loi du 28 avril 1816, lorsque l'enfant naturel était appelé à la succession *ab intestat*, à défaut de parents au degré successible, il était soumis au droit de mutation d'après le tarif appliqué aux personnes *non parentes* (9 0/0). En vertu de la nouvelle loi, l'enfant naturel légalement reconnu, appelé à la succession *ab intestat* ou testamentaire de son auteur, sera considéré, quant à la quotité du droit, comme *enfant légitime* et, dès lors, ne sera soumis qu'au tarif modéré de la ligne directe (1 0/0) (art. 8, L. 1896).

— La nouvelle loi n'ayant pas apporté d'innovations en ce qui concerne les droits des enfants incestueux ou adultérins, ni en ce qui touche la succession aux enfants naturels reconnus, nous renvoyons à la lecture des nouveaux articles 762-764 et 765 et 766 qui ne sont que la reproduction des anciens textes du Code civil.

BAR-LE-DUC. — IMPRIMERIE CONTANT-LAGUERRE.

Ouvrages du même Auteur :

RÉSUMÉ DE RÉPÉTITIONS ÉCRITES

SUR LE

CODE CIVIL

(Avec tableaux synoptiques)

3 volumes in-18, 3ᵉ édition, 1890-1896 .... **18** fr. »
Chaque volume se vend séparément .... **6** fr. »

RÉSUMÉ DE RÉPÉTITIONS ÉCRITES

SUR LE

DROIT ADMINISTRATIF

Avec tableaux synoptiques, 15ᵉ édition, 1895 ...... **6** fr. »

RÉSUMÉ DE RÉPÉTITIONS ÉCRITES

SUR LE

DROIT COMMERCIAL

Avec tableaux synoptiques, 12ᵉ édition, 1893 .... **6** fr. »

RÉSUMÉ DE RÉPÉTITIONS ÉCRITES

SUR LE

DROIT PÉNAL

(Code Penal et Code d'Instruction criminelle)

Avec tableaux synoptiques, 14ᵉ édition, 1895 .... **6** fr. »

EXPLICATION

1º Du titre du Code civil sur la *Prescription* .... **1** fr. **75**
2º De la loi du 5 Avril 1884 sur l'*Organisation municipale* ...... **2** fr. »
3º De la loi du 9 Mars 1891 sur les *Droits du conjoint survivant*. *Épuisé*.

BAR-LE-DUC. — IMPRIMERIE CONTANT-LAGUERRE.

www.ingramcontent.com/pod-product-compliance
Lightning Source LLC
LaVergne TN
LVHW020500060726
842525LV00005B/1817